교제의 생활

TO KNOW CHRIST AND TO MAKE HIM KNOWN

네비게이토 선교회는
국제적이며 복음적인 기독교 기관이다.
예수 그리스도께서는 자기를 따르는 자들에게
"너희는 가서 모든 족속으로 제자를 삼으라"
(마태복음 28:19)는 지상사명을 주셨다.
네비게이토 선교회는 세계 모든 국가에서
예수 그리스도의 일꾼들을 배가시켜
이 지상사명의 성취를 돕는 것을
근본 목표로 하고 있다.

네비게이토 출판사는
네비게이토 선교회의 문서 선교를 담당하고 있다.
본 출판사에서는 그리스도인의 영적 성장을 돕는
서적과 자료들을 출판하여,
그리스도인의 삶의 기초가 견고한
헌신된 제자로 성장하게 하고,
나아가 성숙한 인격과 지도력을 갖춘
일꾼이 되도록 돕고 있다.

교제의 생활

The Life of Fellowship

(1 John)

SCL8

Studies in Christian Living

그리스도인의 생활 연구 제8권

네비게이토 출판사

TO KNOW CHRIST AND TO MAKE HIM KNOWN

잡초와 습관

잡초와 나쁜 습관은 전혀 손대지 않아도 잘 자랍니다. 좋은 습관은 계속해서 기르지 않으면 사라지고 맙니다.

좋은 습관을 기르는 방법은 우선 시작하고 **예외 없이** 계속하는 것입니다. 어떤 사람이 다음과 같이 잘 설명했습니다. "대개의 사람들은 바람직한 미덕의 목록 중에서 인내와 같은 평범한 덕목을 빼버리는 경향이 있다. 그러나 목표도 달성하기 전에 참을성 없이 단념해 버린다면 다른 모든 덕목들이 무슨 소용이 있겠는가?"

인내는 우리 모든 사람에게 선천적인 것은 아닙니다. 우리는 게으르기 쉽고 곁길로 치우치기를 잘합니다. 그러나 그리스도께서는 계속 밀고 나갈 수 있는 힘을 주십니다. 그래서 우리는 우리에게 능력 주시는 그리스도 안에서 모든 것을 할 수 있습니다(빌립보서 4:13).

'**그리스도인의 생활 연구**'를 7권까지 마친 당신은 규칙적이며 개인적인 성경공부의 습관을 확립했을 줄 압니다. 일주일에 한 과씩 8권을 공부함으로 계속해서 이런 습관을 기르십시오. 당신 스스로 성경을 연구할 수 있을 때까지 계속 공부하여 성취해 내는 자가 되기로 결심하십시오.

이제까지 당신은 성경 한 권 한 권의 전체 개관을 파악하는 법과 각 장을 공부하는 법을 배웠습니다. 데살로니가전서에서 당신은 각 장을 **풀어 쓰고**

참조 구절을 찾아보고 개인적인 적용도 해보았습니다. 8권에서는 각 장을 **요약**하고 각 절을 묵상함으로 그 절에 대한 이해를 더하는 방법을 배우게 됩니다. 또한 당신은 참조 구절에 관해서 더 많이 배우며 말씀을 일상생활에 개인적으로 적용하는 법을 배우게 됩니다. 당신이 공부한 것을 적용하는 것은 아주 중요합니다.

> "자유하게 하는 온전한 율법을 들여다보고 있는 자는 듣고 잊어버리는 자가 아니요 실행하는 자니, 이 사람이 그 행하는 일에 복을 받으리라."
>
> 야고보서 1:25

당신이 '**교제의 생활**'을 공부할 때에 요한일서의 진리들이 당신의 매일의 생각과 행동에 배어들게 해주시도록 주님께 기도하십시오.

> "하나님께서는 그분의 말씀을 통하여 우리에게 말씀하십니다. 경건한 사람들에 의하여 쓰여진 유익하고 감동적인 책들이 많이 있습니다. 이런 책들은 둘째 선반에 올려놓으십시오. 하나님의 책, 오직 그것만 첫째 선반에 올려놓으십시오. 만일 여러분이 양쪽을 다 읽을 충분한 시간이 있다면 좋습니다. 그러나 첫째로 하나님 말씀을 읽으십시오."
>
> - J. S. 제임스

8권에서는 7권 '**소망의 생활**'에서 소개된 성경 연구 방법의 원리를 계속적으로 공부해 갈 것입니다. 만약에 당신이 '**소망의 생활**'을 끝내지 못했다면 7권을 먼저 공부하고 계속해서 8,9,10권을 공부하는 것이 더 도움이 될 것입니다. 왜냐하면 기초가 튼튼해야 앞으로의 성경 연구에 더 큰 진보가 있기 때문입니다.

요한일서
예비 공부

서신서를 이해하는 데는 그 배경을 잘 이해하는 것이 커다란 도움이 됩니다. 성경의 어느 책을 연구하든지 이것이 첫 단계가 되어야 합니다. 당신이 사용할 수 있는, 신약성경의 배경에 대해서 잘 알 수 있는 책들은 다음과 같습니다.

1. 4복음서와 특별히 사도행전 같은 역사를 취급한 책에서 그 서신의 저자와 그 서신을 받은 대상자들을 찾으십시오. 그 서신에 나타난 지명, 그 서신을 받은 인물은 물론, 어디에 저자가 나타나 있나 알아보기 위해서 성경사전이나 성구사전, 성경 핸드북, 기타 참고 도서를 사용하십시오.

2. 어떤 성경은 각 책의 처음에 배경을 써 놓은 것도 있습니다.

서신의 저자

1. 예수님께서 자기를 따르라고 부르시기 전에 이 서신의 저자인 요한의 직업은 무엇이었습니까? (마가복음 1:19)

2. 예수님께서 요한과 그의 형제를 부르셨을 때에 그들은 어떤 반응을 보였습니까? (마가복음 1:20)

3. 요한은 어떤 방법으로 자기와 그리스도와의 관계를 나타냈습니까? (요한복음 19:26, 20:2, 21:7,20)

4. 요한복음이 기록된 두 가지 목적은 무엇입니까? (요한복음 20:31)

5. 요한이 첫째 서신을 기록한 주요 목적은 무엇입니까? (요한일서 5:13)

6. 이 편지를 기록한 또 하나의 이유는 무엇입니까? (요한일서 1:3)

기록한 때와 장소

요한은 이 편지를 A.D. 90년경 그의 노년에 기록했다는 역사적 증거가 있습니다. 그가 기록한 장소는 잘 알 수 없습니다. 요한일서는 요한이 수년 동안 봉사했으리라고 믿어지는 에베소 지경에 있는 여러 교회들에게 보내진 일반 서신입니다. (에베소는 소아시아 서쪽에 있습니다. 7권에 있는 지도 참조.)

기록한 이유

요한은 그리스도에 관한 거짓 교훈을 경계하고 사람들의 마음과 생활에 아무런 영향도 주지 못하는 머리로만 아는 지식적 기독교에 대항해서 이 편지를 썼습니다. 그는 우리가 구원받은 것을 알 수 있다(요한일서 5:13)고 강조하며, 그리스도인의 생활이란 하나님과 사람과의 조화를 이룬 교제의 생활임을 말하고 있습니다. 요한은 또한 그리스도께서 마음에 내재하실 때 나타나는 다른 증거들에 대해서도 말해 줍니다.

개관

서신을 여러 번 읽으십시오. 적어도 한 자리에서 한 번 이상 통독하십시오. '사랑'이란 낱말은 이 책의 중요한 가르침 중의 하나입니다. '알다'라는 낱말은 다른 진리들을 알게 하는 실마리가 됩니다. 이런 낱말들이 얼마나 빈번히 나타났으며 무엇을 가르치는지 주목하십시오. 이런 낱말들이 성경에 나올 때마다 표시하십시오.

읽은 횟수 ______번

'사랑'이란 낱말이 나타난 횟수 ______번

'알다,' '아노라,' '알지니,' '알 것이요,' '아는' 등의 낱말이 나타난 횟수 ______번

각 장에서 '사랑'이란 낱말이 들어 있는 구절 중 대표적인 것은 어느 구절입니까? 그리고 그 절의 중심 사상은 무엇입니까?

	절	중심 사상
2장	______	______________________
3장	______	______________________
4장	______	______________________
5장	______	______________________

2장에서 5장까지 '알다'라는 낱말을 포함하는 가장 좋은 절은 어느 것입니까? 그리고 그 절에서 우리가 알 수 있는 것은 무엇입니까?

	절	우리가 알 수 있는 것
2장		
3장		
4장		
5장		

유익한 점

이 공부를 통해서 어떤 도전을 받았습니까?

요한일서 1장

예비 공부

적어도 한 번쯤은 다른 번역을 참조하면서, 1장을 여러 번 읽으십시오. 읽을 때 그 장의 내용을 이해하도록 하십시오.

서두에서 요한이 확증하려고 하는 진리는 무엇입니까? (1:1-4)

1장의 나머지 부분(5-10절)의 주제는 무엇입니까?

7권과는 달리 낱말의 정의를 적지는 않습니다. 생소한 낱말이 나오면 찾아보십시오. 국어사전에 의미가 충분히 나타나 있지 않으면 성경사전이나 성구사전을 사용하십시오. 당신이 더 잘 이해하기를 원하는 단어는 성구사전에서 찾아 그 낱말이 요한일서, 요한이서, 요한삼서, 그리고 요한복음에서는 어떤 의미로 사용되었는가를 살펴보십시오. 또한 그 낱말이 신약성경의 다른 부분과 구약성경에서는 어떻게 쓰여졌는가를 살펴보십시오. 이와 같이 한 낱말이 다른 구절에서 어떻게 사용되었는가를 살펴보는 것은 그 낱말의 의미를 분명하게 이해하도록 도와줍니다.

이 장은 무엇을 말하는가

요한일서에서는 데살로니가전서에서와 같이 풀어 쓰기보다는 각 장을 요약하게 될 것입니다.

당신이 풀어 쓸 때에는 당신 자신의 말로 그 사상을 다시 표현했습니다. 풀어 쓰는 데는 길이의 제한이 없습니다. 그것과는 대조적으로 요약한다는 것은 성경의 어떤 부분을 더 짧은 문장으로 압축시키되 그 부분에 나타난 내용을 완전히 포함시키는 것을 의미합니다. 요약의 목표는 중요한 것은 다 포함하되 아주 짧게 간추리는 데 있습니다. 우선 각 절에 대하여 평균 6-12어절로 줄여 보십시오.

당신이 1장의 내용을 정확히 알 때까지 읽고 묵상하십시오. 그 후에 당신 스스로 1절에서 4절까지 요약한 후에 아래에 이미 기록해 놓은 예와 비교해 보십시오.

5-10절까지 연습장에다 대강 요약해 보십시오. 그리고 완전히 요약되었는가, 또 길이가 적당한가 검토해 보십시오. 한 절마다 6-12어절이므로 당신이 이 6구절을 요약하면 36-72어절 정도가 될 것입니다. 그러고 나서 당신이 요약한 것을 아래에 있는 여백에 기록하십시오.

한 문단은 어떤 특수한 점을 다루거나 일반적으로 같은 사상을 다루는 구절들로 구성된 것입니다. 다음의 문단 구분이 잘 되었는지 살펴보십시오.

이 책의 뒷부분부터는 당신 스스로가 문단을 구분하여야 합니다.

제1문단 1:1–4

영원한 생명의 말씀이 나타나서 우리가 그를 보고 만졌습니다. 우리가 간증을 나누는 것은 여러분도 우리와 하나님 아버지와 그리고 예수 그리스도와의 교제의 기쁨을 갖게 하기 위해서입니다. (24어절, 각 절마다 6어절 정도)

제2문단 1:5–10 (당신 자신의 말로 요약하십시오.)

다른 성경 구절은 어떻게 말하는가

다음에 주어진 참조 구절을 찾아보십시오. 그리고 요한일서 1장의 절들과 관계되는 참조 구절의 중심 사상을 기록하십시오. 당신의 일반적인 성경 지식에서나 암송한 것 중에서 또는 성경의 관주로부터 한두 개의 참조 구절을 더 찾아보십시오.

절	참조 구절	중심 사상
2	요 1:14	말씀이 사람이 되심-하나님의 독생자
3	행 8:35	
7	계 1:5	그리스도의 피가 우리를 죄에서 해방함.
9	잠 28:13	

내가 이해하지 못하는 말씀은 무슨 뜻인가

여기에 두 가지 문제가 있을 수 있습니다. 잘 살펴본 후 요한일서에서나 또는 신약성경의 다른 부분에서 답을 얻을 수 있나 살펴보십시오.

1. **1절**- 사람이 생명의 말씀을 보고 만졌다고 했다. 언제 누가 그랬는가?

2. **5절**- 우리 같은 죄인들이 어떻게 완전히 거룩하신 하나님과 교제를 가질 수 있는가?

이 장은 나에게 무엇을 말해 주는가

1장을 기도하는 마음으로 정독하고 당신의 생활에 적용할 수 있는 한두 구절을 적으십시오. 그 절의 교훈을 어떻게 적용할까를 간단히 쓰십시오.

절	적용할 내용

이제 당신의 생활이나 그리스도를 섬기는 데 적용해야 할 말씀을 한 구절만 기도하는 마음으로 선택하십시오. 이 절을 어떻게 실행할까를 두세 문장으로 기록하십시오.

요한일서 2장

예비 공부

2장을 시작할 때 1장의 요약을 복습하십시오. 1장 끝에 나온 말씀이 2장 1,2절에서 어떻게 계속되는가를 주목하십시오. (요한이 이 편지를 쓸 때에는 장의 구분이 없이 오늘날의 편지와 같이 연속된 것이었습니다.)

이해할 수 있도록 주님께 기도하십시오. 적어도 한 번쯤은 다른 번역을 참고하면서, 2장을 세 번 내지 다섯 번 읽으십시오. 당신이 읽을 때에 2장은 1장과 다른 것 같지만 연관이 있는 주제들로 되어 있는 것을 알게 될 것입니다.

이 장은 무엇을 말하는가

다시 2장의 몇 부분을 요약해 놓았습니다. 이 부분을 성경과 비교해 보십시오. 각 절마다 6-12어절 정도로 나머지 문단도 요약해 보십시오. (예를 들면, 3문단은 30-60어절 정도, 5문단은 18-36어절 정도.)

제1문단 2:1–2

여러분의 범죄를 예방하려고 이것을 씁니다. 혹 범죄하면 예수님께서는 우리의 변호사요 죄값을 지불하시는 분입니다. (13어절, 각 절마다 6어절 정도)

제2문단 2:3–6

그분의 명령을 순종하는 것은 우리가 그분을 안다는 증거입니다. 불순종하면서도 그분을 안다고 하는 것은 거짓입니다. 그러나 순종은 우리 안에 하나님의 사랑을 온전케 하며 확신을 줍니다. 예수님 안에 거한다고 말하는 자는 예수님께서 사신 것같이 살아야 합니다. (34어절, 각 절마다 8-9어절 정도)

제3문단 2:7–11

제4문단 2:12-14

나는 하나님을 아버지로 믿는, 죄를 사함받은 어린 자녀들과, 하나님을 영원하신 분으로 믿는 아비들과, 하나님 말씀 안에서 강하고 사탄을 이긴 젊은 자들에게 편지합니다. (22어절)

제5문단 2:15-17

제6문단 2:18–23

제7문단 2:24–25

여러분 안에 그분의 교훈을 간직하십시오. 그러면 여러분은 그리스도와 하나님 안에 거하고 약속한 영생을 갖게 됩니다. (15어절)

제8문단 2:26–29

"세상을 사랑한다는 것은 물질에 관한 문제가 아니고 마음 자세에 대한 문제입니다. 즉 시대의 변천에는 보조를 맞추어도 영원한 일에 대해서는 보조를 맞추지 않으며, 사람과는 보조를 맞추어도 하나님과는 보조를 맞추지 않는 태도를 말합니다."

-R. D. 포스터

다른 성경 구절은 어떻게 말하는가

이 장에 나타난 내용들에 대해 더 이해를 밝혀 주는 구절을 다른 장이나 성경의 다른 부분에서 찾아보십시오. 한두 개의 참조 구절을 더 찾아서 중심 사상과 함께 기록해 보십시오.

절	참조 구절	중심 사상
3	요 14:21	
15	롬 12:2	세상이 너희를 주관치 못하게 하라.
15	딤후 4:10	데마는 세상을 사랑하여 주님의 일을 버림.
25		

내가 이해하지 못하는 말씀은 무슨 뜻인가

첫째 질문에 대답하십시오. 그리고 만일 이 장의 어떤 구절에 대해 질문이 있으면 아래에 적으십시오.

1. 28절- '그 안에 거하라'는 것은 무슨 뜻인가?

2.

질문이나 문제를 적어 보는 것은 당신이 이해하지 못하는 것이 무엇인가를 분명히 알 수 있게 하며, 해답을 찾는 데 도움을 줍니다.

이 장은 나에게 무엇을 말해 주는가

2장을 기도하는 마음으로 읽고 당신의 생활에 적용할 수 있는 말씀을 적으십시오. 각 절이 무엇을 가르쳐 주는가를 간단히 기록하십시오.

절	적용할 내용

이 구절들 중에서 어느 것을 당신이 더 구체적으로 적용할까를 주님께 간구하십시오. 그리고 그 구절에 비추어서 당신의 삶을 살펴보십시오.

예를 들면, 만일 당신이 세상을 사랑하는 일에 대하여 적용을 한다고 합시다. 그때에 주님께서 당신이 변화되기를 원하시는 생활의 특정한 영역에까지 구체적으로 적용을 해야 합니다. 이것을 문장으로 완성하여 기록해 보십시오.

당신이 택한 구절이 보여 주는 당신의 구체적인 필요는 무엇입니까?

위에 적은 말씀을 주님께서는 당신이 어떻게 실제 행동으로 적용하기 원하시는가를 간단한 문장으로 엮어 이 개인적인 진리의 활용을 기록하십시오.

요한일서
3장

예비 공부

1장과 2장의 요약을 복습하십시오. 한두 번 다른 번역을 참고하십시오. 3장을 여러 번 통독하면서 사전에서 중요 단어의 정의도 알아보십시오. 당신은 이미 공부한 앞 장들로부터 3장으로 계속되는 주제가 무엇인지 알 수 있습니까?

이 장은 무엇을 말하는가

3장을 읽을 때에 주제가 자연적으로 달라지는 마지막 부분의 두세 문단을 결정하십시오. 그 다음 이 장을 절마다 6-12어절로 요약하십시오. 처음에는 연습장에다 해보는 것이 좋을 것입니다. 2문단에서는 먼저 당신이 해보고 예문과 비교해 보십시오.

제1문단 3:1–3

제2문단 3:4–9

죄란 불법입니다. 죄가 없으신 예수님께서는 죄를 없애려고 오셨습니다. 그분을 알고 그분 안에 거하는 자는 범죄치 않습니다. 의를 행하는 자는 의롭고, 의를 행치 않는 자는 마귀의 자녀입니다. 그리스도께서는 마귀의 일을 멸하려 오셨습니다. 하나님의 자녀들은 하나님의 성품을 가지며 범죄할 수 없습니다. (39어절)

제3문단 3:10–

제4문단 3: –

요한일서 3:6,9에 나오는 '범죄'의 뜻은 원어에서 '계속해서 죄를 짓는다'는 뜻입니다.

다른 성경 구절은 어떻게 말하는가

이 장의 중요한 절들에 대한 참조 구절을 당신 기억에서나 혹은 성경의 관주나 성구사전을 찾아서 두세 개 이상 기록하십시오.

절	참조 구절	중심 사상
3	딛 2:12-13	그리스도의 재림을 기다리며 의롭게 살라.
13	요 15:18-19	
22		

내가 이해하지 못하는 말씀은 무슨 뜻인가

1. 6절과 9절을 요한일서 1:8과 1:10과 비교하십시오. 마음에 생기는 문제점을 적어 보십시오.

2. 요한일서 2:1-2은 이 문제에 어떤 도움을 줍니까?

3. 다른 절에 대해서도 질문이 있으면 기록하십시오.

이 장은 나에게 무엇을 말해 주는가

3장을 기도하는 마음으로 읽고 적용할 수 있는 구절들을 밑에 기록하십시오. 그리고 적용할 내용을 간단히 기록하십시오.

절	적용할 내용

이 절들에 대해서 기도하고 묵상한 후에 지금 당신의 생활에 가장 필요한 절을 고르십시오. 이 절에 ○표를 하고 구체적으로 적용하십시오.

첫째로, 그 절이 왜 필요한가를 기록하십시오. (솔직하고 구체적으로.)

둘째로, 당신이 고른 절을 어떻게 적용하기를 주님께서 원하시는지 묵상하고 그 방법을 기록하십시오. '나,' '나를,' '나에게'와 같이 구체적으로 기록해야 적용에 도움이 됩니다.

요한일서
4장

예비 공부

1장에서 3장까지를 직접 성경을 읽든지 혹은 당신이 요약한 것을 읽으면서 복습하십시오. 성경이나 요약한 것을 보지 말고 각 장의 내용을 마음속에 되새겨 보거나 연습장에 기록해 보십시오.

4장을 두세 번 읽으십시오. 처음에는 그 장의 전체적인 개요를 파악하기 위하여 연달아 읽으십시오. 다음에는 각 절을 잘 이해하기 위하여 한 절 한 절 천천히 정독하십시오. 한 절 한 절을 묵상하는 것은 가장 축복이 되는 성경공부의 한 방법입니다.

묵상함으로 최대의 유익을 얻기 위하여 다음과 같은 질문을 해보십시오.

(1) 그 절은 사실상 무엇을 말하고 있는가? 그 절 안에 있는 단어와 구들에 관하여 기도하는 마음으로 주의 깊게 생각해 보십시오. 앞뒤 구절과의 연관을 살펴보십시오.

(2) 내가 이해하지 못하는 것이 있는가? (연습장에나 37페이지의 질문란에 문제점을 기록하십시오. 당신이 모르는 낱말들을 사전에서 찾아보십시오.) 그 구절의 어려운 부분을 당신 자신의 말로 다시 생각해 보십시오.

(3) 지금 나의 생활에 적용해야 할 것이 있는가? 38페이지 밑에 있는 적용란에 적용할 것을 기록해 두십시오.

이 장은 무엇을 말하는가

4장을 문단별로 요약하십시오. 우선 문단 구분부터 결정하십시오. 그러고 나서 첫 문단부터 요약해 가십시오. 이번에는 절마다 5-10어절로 요약하십시오. (이 장은 21절이므로 요약하면 105-210어절 정도.) 당신이 요약한 것이 간결하면 할수록 그 장의 의미를 더욱더 분명하게 파악할 수 있습니다.

제1문단 4:1–

내가 이해하지 못하는 말씀은 무슨 뜻인가

한 절 한 절을 묵상하는 동안 마음에 떠오르는 문제점을 기록하십시오.

절	질 문

공부를 끝낸 후에는 당신이 미리 기록해 놓은 질문의 해답을 찾아 써보면 크게 유익할 것입니다. 성경 자체를 묵상하며 기도하는 것이 해답을 찾는 좋은 방법 중의 하나입니다. 또 하나의 방법은 그 절에 대해 더 이해를 밝혀 주는 다른 말씀을 찾기 위하여 성구사전 같은 것을 찾아보는 것입니다. 이러한 방법으로 이 장에서 생긴 당신의 문제점들을 해결해 보십시오.

다른 성경 구절은 어떻게 말하는가

4절, 10절, 20절과 같은 이 장의 요절들에 대한 참조 구절을 찾아서 기록해 보십시오. 가능하면 당신이 기억하고 있는 구절을 쓰십시오.

절	참조 구절	중심 사상
7	요 13:34-35	형제 사랑은 그리스도께 속한 증거.

이 장은 나에게 무엇을 말해 주는가

절	적용할 내용

앞의 적용할 만한 구절들을 묵상하고 기도하십시오. 이 중에서 지금 당신이 생활과 봉사에 있어서 가장 적용을 필요로 하는 구절을 하나 고르십시오.

먼저 자신의 필요를 기록하고, 다음에 기도하는 마음으로 주님께서 이 진리를 사용해서 당신을 변화시키실 수 있다고 확신하는 바를 생각해 보십시오.

밑에 있는 여백에 주님께서 당신이 행동으로 옮기기를 원하고 계신 것을 기록하십시오. 반드시 '나,' '나를,' '나의'라고 구체적으로 적용하십시오.

도중에 한 과라도 빠뜨리지 않고 지속적으로 성경공부를 할 수 있도록 **제9권**을 미리 구입해 두십시오.

요한일서
5장

예비 공부

5장을 읽기 전에 앞의 네 장의 요약을 복습하십시오. 5장을 시작할 때에는 전체 개요를 파악하기 위하여 여러 번 연달아 읽기 바랍니다. 그 다음에는 천천히 정독하면서 5장을 한 절 한 절 묵상하며 기도하십시오. 33페이지에 제시해 놓은 질문들을 사용하십시오. 묵상할 때에는 44-45페이지의 질문란과 적용란에 질문들과 적용하고자 하는 구절들을 기록하십시오.

이 장은 무엇을 말하는가

5장을 각 절마다 평균 5-10어절 정도로 문단별로 요약하십시오. 각 문단의 처음에 한 줄의 여백을 남겨 두십시오. (5장은 105-210어절 정도가 됨.)

제1문단 5:1-

이 장에서 각 문단을 요약한 것을 되풀이해서 읽어 보고, 각 문단에 맞는 짧은 제목을 만들어 보십시오. 예를 들면, 1문단의 제목은 '순종은 사랑을 증명하고 믿음은 승리를 준다'라든가, 또는 '하나님께서는 순종과 믿음을 요구하신다'와 같이 정하는 것입니다.

각 문단의 처음에 당신이 정한 제목을 쓰십시오.

내가 이해하지 못하는 말씀은 무슨 뜻인가

5장을 공부할 때에 떠오르는 문제점이나 질문을 기록하십시오. 공부가 끝났을 때에는 다시 되돌아와서 해답을 찾아보십시오. 37페이지에 제시된 방법들을 사용하십시오.

절	질 문

다른 성경 구절은 어떻게 말하는가

5장 가운데서 3개 이상의 중요한 구절들에 대한 참조 구절을 찾아보십시오. 5장에 나타난 진리에 대하여 같은 진리를 담고 있는 구절이나 예가 되는 구절이나 대조되는 구절을 찾아보십시오. 어떤 절들에 대해서는 여러 개의 참조 구절을 찾아도 좋습니다.

절	참조 구절	중심 사상
3	요이 6	
13	요 5:24	

이 장은 나에게 무엇을 말해 주는가

절	적용할 내용

당신이 기록한 구절들을 기도하는 마음으로 살펴보고 지금 당신에게 가장 필요한 한 절을 고르십시오. 먼저 당신의 필요가 무엇인지를 요약하고, 이 절을 어떻게 실행에 옮길까를 묵상하고 기도하십시오. 아래의 적용란에 간단한 문장으로 적용 방법을 기록하십시오. ('나,' '나를,' '나의'를 사용하십시오.)

제안

특별한 연구 과제로서, 당신이 앞 장들에서 적용한 것을 읽어 보고 그 적용이 얼마나 실천되었는지 검토해 보십시오. 그것들을 더욱더 실행에 옮기기 위하여 기도하고 계획하십시오.

> "그리스도인에게 있어서 그리스도와의 교제는 잠수부에게 공기와 같습니다. 아무리 그리스도인이 성실하고 그의 경험이 뛰어나다 할지라도 이 필수적인 그리스도와의 교제가 없이는 그는 쓸모없는 사람이 되고 맙니다."

제9권은 〈승리의 생활〉입니다.

9권에서는 빌립보서를 공부하게 됩니다. 그리스도 안에서의 승리와 기쁨이 사도 바울의 온정 어린 편지인 빌립보서의 주제입니다. 이 책에서는 다음과 같은 내용을 다루게 됩니다.

- 불안과 역경을 어떻게 극복할까?
- 예수 그리스도의 낮추심과 높이 들리심
- 그리스도를 알고 그를 알게 하는 것은 무엇일까?

교제의 생활

초판 1쇄 발행 : 1973년 4월 1일
3판 1쇄 발행 : 2011년 6월 1일
3판 6쇄 발행 : 2025년 4월 10일

펴낸곳 : 네비게이토 출판사 ©
주소 : 03784 서울시 서대문구 연희로 16 (창천동)
전화 : 02) 334-3305(대표), 334-3037(주문), FAX : 334-3119
홈페이지 : http://navpress.co.kr
출판등록 : 1973년 3월 12일 제10-111호

ISBN 978-89-375-0395-5 03230